AF229104

LA
FRANCE & L'EMPIRE

<table>
<tr><td>

ADMINISTRATION

Rue de Rivoli, 96, à Paris

—

M. HOURSEAUX

DIRECTEUR

(ÉCRIRE FRANCO.)

—◉—

</td><td>

</td><td>

Abonnement

—

Paris.............. **8 fr.**
Départements....... **9**
Étranger.......... **10**

—◉—

</td></tr>
</table>

PROSPECTUS.

MONSIEUR,

En France, dans ce beau pays qui marche à la tête de la civilisation et du progrès, personne ne doit rester étranger aux événements politiques; malheureusement les appréciations qui en sont faites ne sont pas toujours éclairées. Nous avons pensé qu'un ouvrage qui donnerait une juste idée de la politique de la France, en traitant avec impartialité toutes les questions qui sont à l'ordre du jour, rendrait de grands services à l'opinion publique et répandrait la lumière sur les actes du Gouvernement, trop souvent mal interprétés.

Depuis quelque temps la voix formidable du canon imposait silence à la discussion, et la France attendait avec anxiété la décision des armes; maintenant que la guerre a terminé son œuvre, la raison doit commencer la sienne. Sous le titre de : *La France et l'Empire*, paraîtront successivement, le 1ᵉʳ et le 16 de chaque mois, douze Brochures formant ensemble un ouvrage de 384 pages grand in-octavo; chaque série traitera une ou plusieurs des grandes questions politiques actuelles;

la première brochure paraîtra le 15 août, c'est un résumé exact de la situation générale de la France, elle servira d'Introduction; les deux séries qui vont être publiées
le 1ᵉʳ et le 16 septembre, traiteront les questions relatives à la guerre d'Italie:
le Pape, les Duchés, Naples, la Vénétie, la Lombardie et le Piémont; les séries
suivantes comprendront les questions les plus palpitantes d'actualité et serviront à
éclairer l'opinion publique au fur et à mesure des événements.

L'Abonnement à cet ouvrage est de 8 fr. pour Paris, et 9 fr. pour les Départements, et dans le but de seconder le zèle charitable et patriotique de notre auguste
Impératrice, nous avons décidé qu'il serait versé, au nom de chaque abonné, Cinquante centimes à la Caisse des blessés d'Italie. (Pour les Abonnements qui nous
arriveraient après la clôture de la Souscription nationale, cette somme de Cinquante
centimes sera versée à la Caisse de l'Orphelinat du Prince Impérial.) Ainsi, tout en
se donnant une satisfaction personnelle, on aura contribué à une bonne œuvre.

Nous sommes persuadés, Monsieur, que vous ne nous refuserez pas votre concours; en attendant une réponse favorable, nous vous prions d'agréer l'assurance
de notre considération distinguée.

HOURSEAUX aîné, *Directeur*,

96, rue de Rivoli.

Noᴛᴀ. Chaque Série peut se vendre séparément 75 centimes pour Paris, et pour les départements
10 centimes en plus pour le port. Envoyer franco un mandat sur la Poste, à M. Hourseaux, Directeur
de l'Administration, rue de Rivoli, 96.

PARIS. — IMPRIMERIE DE A. HENRY NOBLET, RUE DU BAC, 30.

A Monsieur

Département d

LA FRANCE

ET

L'EMPIRE.

PARIS

IMPRIMERIE DU CORPS LÉGISLATIF.

A. HENRY NOBLET, RUE DU BAC, 30.

1859

I.

Sous quelle forme de gouvernement le peuple peut-il être le plus heureux ?

Telle est la question que doit se poser tout homme consciencieux avant de choisir un parti.

Nous ne sommes plus à l'époque où les opinions politiques étaient héréditaires ; l'instruction, en développant les facultés de l'homme, lui a permis d'être le seul juge de ses convictions et de n'accepter que des idées saines et logiques.

Chaque citoyen doit donc faire un appel à sa conscience et à sa raison, et contribuer, autant qu'il est en son pouvoir, au progrès social.

L'égoïsme a créé une classe d'individus qui, pour ne rien déranger à l'harmonie de leur placide existence, vivent en dehors de toutes préoccupations politiques et sociales. Ces mollusques de la civilisation arrêtent par leur glacial contact les nobles élans de liberté et le généreux enthousiasme du peuple : subissant sans examen les divers changements de gouvernement, du moment que leur intérêt personnel est à l'abri, ils bouchent leurs oreilles lorsque la voix tonnante du canon leur crie : Aux armes ! et le nom de patrie n'a plus d'écho dans leur cœur.

Quant aux fanatiques, tombant dans l'excès contraire, ils acceptent avec chaleur tout ce qui flatte leur opinion et ne veulent pas s'éclairer ; ils se lancent les yeux fermés dans le tourbillon politique sans calculer la portée de leurs actes ; ils détruisent, sans savoir réédifier, et leurs utopies frénétiques, venant par accès secouer les rouages sociaux, ébranlent les principes les plus sacrés.

Ces deux classes d'individus sont également funestes : les uns, atteints d'une maladie de langueur, laissent dépérir les institutions ; les autres, animés d'une fièvre sociale, jettent la perturbation dans la société.

Nous ne nous adressons donc pas à ces hommes dont les maladies sont malheureusement incurables ; nous laissons les premiers dans leur apathie, et nous ne voudrions pas ranimer dans les seconds des fureurs mal éteintes. Nous faisons un appel aux gens sensés de tous les partis, et, après avoir examiné avec eux le passé de la France et sa situation actuelle, nous les laisserons juges des résultats.

II.

Après bien des révolutions successives, la France a enfin trouvé le calme et la prospérité à l'intérieur, la gloire et le respect à l'extérieur.

Cet état de choses, qui console du passé et qui rassure pour l'avenir, nous ne l'avons eu ni avec la Royauté de 1815, ni avec la Charte de 1830, ni avec la Liberté exagérée de 1848.

Aucun de ces gouvernements n'offre donc de garanties solides et de sécurité pour le peuple.

La légitimité, déjà usée par des siècles d'oppression, représentée par un prince sans vigueur (1), n'est plus qu'un cadavre rongé par le temps qu'on voudrait en vain exhumer. Trois genres d'individus en sont restés parti-

(1) Le comte de Chambord nous a prouvé depuis longtemps son peu d'énergie : en 48 la lice était ouverte à tous les partis; il pouvait, comme Louis-Napoléon, entrer dans l'arène; mais, ayant conscience de son impuissance, il n'a pas osé tenter la lutte. Plus tard, voyant le Président de la République montant les degrés du trône, il frappe du pied comme un enfant auquel on veut prendre ses jouets, et adresse à la nation un manifeste pleureur qui se termine ainsi :

« Quels que soient sur vous et sur moi les desseins de Dieu,
« resté chef de l'antique race de vos rois, héritier de cette
« longue suite de monarques qui, durant tant de siècles, ont
« incessamment accru et fait respecter la puissance et la for-
« tune de la France, je me dois à moi-même, je dois à ma
« famille et à ma patrie de protester hautement contre des
« combinaisons mensongères et pleines de dangers.

« Je maintiens donc mon droit, qui est le plus sûr garant
« des vôtres, et, prenant Dieu à témoin, je déclare à la France
« et au monde que, fidèle aux lois du royaume et aux tradi-
« tions de mes aïeux, je conserverai religieusement jusqu'à
« mon dernier soupir le dépôt de la monarchie héréditaire,
« dont la Providence m'a confié la garde, et qui est l'unique
« port de salut où, après tant d'orages, cette France, objet de
« notre amour, pourra retrouver enfin le repos et le bon-
« heur.   HENRI.

« Frohsdorf, 25 octobre 1852. »

sans : les premiers, qui sont les plus estimables, sont liés par la reconnaissance ; ils sacrifient leur raison à un sentiment qui, tout en étant digne de respect, n'en est pas moins égoïste, puisque, pour un service personnel, ils cherchent à entraîner tous leurs concitoyens ; les seconds sont légitimistes par intérêt, espérant qu'une fois le but atteint on récompensera leurs efforts par des charges ou des honneurs ; enfin les troisièmes, qu'on peut considérer comme les moins intelligents, le sont par vanité : gonflés d'orgueil, parce qu'ils possèdent un titre ou un nom, ils espèrent sottement que la légitimité leur rendrait les anciennes prérogatives de leur race, et redorerait leur blason souillé souvent par l'oisiveté et la débauche.

En dehors de ces trois catégories, il y a cependant quelques hommes qui, sous l'influence d'une éducation surannée, professent de bonne foi des principes qu'ils n'ont jamais osé discuter ; victimes de leur faiblesse de caractère, ils conservent des préjugés que les orages politiques ont détruits depuis longtemps, et leur exagération les rend plus compromettants qu'utiles pour leur parti.

La Royauté absolue n'a donc plus en France d'éléments d'existence ; la philosophie sociale a depuis longtemps détruit son principe de droit divin, et le gouvernement d'Henri V serait sans raison d'être.

En effet, en supposant l'existence d'un tel gouvernement, il nous serait impossible de faire rétrograder le progrès social accompli ; nous ne pourrions admettre ni les prérogatives du clergé, ni celles de la noblesse, et nous ne détruirions pas nos institutions libérales ; nous n'accepterions donc qu'un gouvernement constitutionnel, qui nous donnerait de sages libertés et ne chercherait pas à détruire les principes de 1789.

Ce gouvernement, nous l'avons depuis quelques années, et nous avons pour le diriger un homme fort et énergique, qui marche au but que nous désirons atteindre avec une volonté inébranlable. Pourquoi irions-nous chercher à l'étranger un fantôme de roi, dont le cerveau trop étroit ne pourrait embrasser les grandes idées sociales, et dont la main débile ne saurait diriger la grande machine humaine ? Mais, dira-t-on, son droit est légitime, c'est son héritage, il est consacré par le temps ; lorsque son ancêtre, Capet, s'empara de la couronne, son droit n'était pas légitime, le temps seul est venu le sanctionner ; il avait été élu par les seigneurs ; l'Empereur Napoléon III a été élu par le peuple, son droit n'est-il donc pas plus légitime (1) ?

III.

La révolution de 1830 a créé un autre gouver -

(1) Quelques seigneurs mécontents, réunis à Noyon, nom-

nement qui, sans avoir les ridicules prétentions
de la légitimité, n'en est pas moins antipathique
à notre caractère national. Ce gouvernement
bâtard (1), étroit dans ses vues, mesquin dans
ses actes, avait pris naissance dans les boutiques
de la rue Saint-Denis et les salons bourgeois du
Marais : laissant dépérir les institutions, son
unique système était l'économie, non pas une
économie sage et bien entendue, mais une économie de comptoir qui touchait à l'avarice. Peu
soucieuse de la gloire réelle de la France, la
politique tortueuse de Louis-Philippe avait fait
descendre notre beau pays au dernier rang des
puissances européennes, et le drapeau tricolore,
qui avait traversé victorieusement l'Europe en
lui dictant des lois, s'inclinait avec crainte devant
le pavillon britannique. Sans dignité à l'exté-

ment Hugues Capet, qui fut obligé de conquérir son royaume
les armes à la main ; voilà la légitimité de Henri V ; l'Empire,
voté, en 1804, par 4,000,000 de voix, et rétabli, en 1852, par
7,824,189 citoyens libres, voilà la légitimité de Napoléon III.
Quelle est la plus réelle, la plus vraie ?

(1) En 1830, la nation n'a pas été consultée ; 221 députés,
qui n'avaient pas mandat pour cela, proclamèrent Louis-Philippe roi des Français. Il est certain que si, à cette époque, on
avait fait un appel au peuple, il n'aurait pas choisi ce gouvernement. Les souvenirs glorieux de l'Empire s'étaient réveillés,
et les vieux soldats, ne pouvant croire à la mort du grand
homme, se demandaient encore s'il ne reviendrait pas bientôt
de Sainte-Hélène châtier tous ces intrigants et reprendre son
trône. L'Empire aurait donc eu de grandes chances de succès,
et si la grande voix du peuple ne l'a pas alors demandé, c'est
qu'on ne lui laissa pas le temps de se faire entendre.

rieur, sans progrès social à l'intérieur, la France s'engourdissait dans son avilissement; les hommes politiques parlaient beaucoup et n'agissaient pas; les chambres passaient leurs journées à discuter sur de misérables intérêts, et le peuple, auquel on laissait une liberté illusoire, se contentait de faire des caricatures.

La catastrophe de février, conséquence inévitable d'un pareil état de choses, est venue réveiller le patriotisme endormi, et l'on s'est étonné d'être resté si longtemps dans une situation semblable.

Voilà ce qu'avait produit le gouvernement orléaniste: n'ayant aucun principe de vitalité, il a su cependant se faire des partisans, qui maintenant encore espèrent une résurrection.

A quel titre réclament-ils donc la couronne pour le petit-fils de Louis-Philippe? Ce n'est pas comme droit héréditaire, puisqu'elle ne lui appartient pas; ce n'est pas non plus au nom des services rendus, puisque, il faut bien le reconnaître, le pays n'a jamais été aussi bas que sous le roi constitutionnel. Ils veulent, disent-ils, un gouvernement parlementaire; ils veulent le droit de discuter; mais qu'a donc produit jusqu'à présent cette liberté de discussion? Le peuple sera-t-il plus heureux, parce qu'un journaliste immoral viendra avec cynisme étaler ses doctrines immondes et répandre sa bave venimeuse sur les choses les plus saintes; parce qu'un orateur,

l'insulte à la bouche, montera à la tribune pour
salir la patrie? Non ! Pour qu'un gouvernement,
quel qu'il soit, puisse travailler avec fruit au progrès moral et à la civilisation d'un peuple, il faut
qu'il soit assez puissant pour mettre ses actes à
l'abri de la critique haineuse, et, n'ayant pour
juge que sa conscience, ne permette la discussion
que lorsqu'il a atteint son but.

Le gouvernement orléaniste ne serait ni assez
intelligent, ni assez fort pour accomplir cette
grande tâche sociale.

A part quelques hommes de mérite, les éléments qui composent ce parti sont pris pour la
plupart dans une classe de la société dont les
idées restreintes ne sortent pas du cercle de la
vie matérielle, et qu'on peut appeler la classe des
satisfaits; ce sont des hommes qui, possédant un
peu ou beaucoup, se préoccupent fort peu des
besoins du peuple, et voudraient jouir le plus
commodément possible de la vie. Orgueilleux et
vaniteux comme tous ceux qui ont reçu une demi-
instruction, ils croient leurs lumières indispen-
sables au gouvernement, et s'indignent de ne
pouvoir donner leur avis sur des questions qu'ils
ne comprennent souvent pas. Du reste, peu dis-
posés à sacrifier leur existence pour leurs convictions, ils attendent des événements la réali-
sation de leurs espérances.

Avec de tels hommes pour appui, l'Orléanisme

doit abandonner toute prétention et reconnaître
son impuissance.

Tout en attaquant son principe et ses moyens
gouvernementaux, nous avons mis de côté la
question de personnes; nous reconnaissons dans
la branche d'Orléans, sinon des qualités politiques, du moins des qualités morales, qui pourraient en faire dans la vie privée une famille
honorable et estimée.

IV.

Après le régime constitutionnel, il se présente
naturellement à notre esprit un système gouver-
nemental, pour lequel on a écrit et professé bien
des théories différentes : la République, la terreur des uns, le rêve passionné des autres.

D'abord qu'entend-on par république ?

Les uns, dont le caractère indisciplinable se
révolte contre toute espèce de domination, ne
voient dans la République que la négation de
toute autorité.

Les autres, rêvant l'unité sociale sans tenir
compte des passions humaines, prêchent de su-
blimes doctrines, et se créent un idéal impossible à réaliser.

Le gouvernement républicain paraît, au premier abord, le plus vrai et le plus rationnel ; ses
principes, proclamant la liberté et l'égalité pour

tous, séduisent les caractères élevés et généreux, qui, entraînés par leurs nobles instincts, n'aperçoivent pas les difficultés de l'application. L'expérience cependant est là pour les instruire.

En 1789, la nation, fatiguée d'une domination aveugle, a senti s'éveiller ses aspirations aux réformes sociales ; des hommes aux grandes idées, qui avaient jeté dans le peuple des semences fécondes de liberté, unirent leurs efforts pour donner à la France une organisation digne et intelligente : bientôt entraînés par la tempête qu'ils avaient soulevée, ils ne purent arrêter le grand élan national, et virent avec terreur s'écrouler l'édifice monarchique. Le torrent révolutionnaire les engloutit eux-mêmes, et renversant tous ceux qui se trouvaient sur son passage, vint en grondant se briser sur l'Europe coalisée. Sapant toutes les vieilles institutions, la République de 1793 se leva sanglante et terrible sur le cadavre de Louis XVI et sur les ruines de la religion.

Mais après avoir détruit, il fallait réédifier, et sentant qu'elle avait besoin d'une volonté unique, la République créa une dictature (1) ; dictature

(1) Au milieu des terribles convulsions de cette époque, il était difficile de poser la première pierre d'un édifice social ; tout en ayant une grande intelligence, Robespierre manquait de l'esprit d'organisation ; ébloui par sa puissance, enivré de l'odeur du sang, il se construisit un trône de cadavres qui devait nécessairement, un jour ou l'autre, crouler sous ses pieds.

d'un jour qui tomba bientôt, au milieu de l'anar-
chie, sous le couteau qu'elle avait aiguisé.

Cette époque, rouge de sang, a laissé dans nos
imaginations un souvenir effrayant, et quoique
étant le départ de notre organisation sociale actuelle, tout homme de cœur doit en déplorer les
excès effroyables. Nul gouvernement, du reste,
n'a été aussi despotique, la terreur faisait sa seule
force, et il était mort le jour où son bras laissa
dormir la hache.

V.

Redoutant les débordements de la première
République, les hommes de 1848 créèrent un
gouvernement pusillanime et sans vigueur. For-
mé d'éléments hétérogènes, ce gouvernement
manquait de l'unité nécessaire pour accomplir de
grandes réformes. Sous prétexte de donner au
peuple une liberté étendue, il laissait chaque jour
insulter publiquement ses actes, et se mettait à
la merci du premier orateur de carrefour (1);
déchiré par les dissensions intestines, il restait

______

(1) A cette époque, on vendait publiquement, au coin de
toutes les rues, des pamphlets contre le Gouvernement; on
entendait crier sur les places : « Le *Journal de la Canaille*,
rédigé par une canaille; le *Père Duchesne*, » et tant d'autres,
dans lesquels les expressions les plus sales étaient employées
contre le pouvoir.

sans force devant les nombreuses et folles ambitions qui surgirent de toutes parts, et vit échouer successivement toutes ses tentatives d'organisation fondées sur de vagues et impuissantes théories.

Sans sécurité pour le présent, sans confiance dans l'avenir, la France voyait dépérir son commerce et son industrie ; l'insurrection permanente promenait dans les rues sa tapageuse ivresse ; une populace oisive, hâve et décharnée, chantait la *Marseillaise*, et demandait du pain, jusqu'au jour où, joignant l'action aux menaces, elle planta son drapeau teint de sang sur des monceaux de pavés (1).

Ce n'était pas seulement alors le Gouvernement qui était en péril, c'était la société tout entière : ébranlée jusqu'au fond de ses entrailles, elle se leva pour défendre ses intérêts menacés, et força, pour ainsi dire, le Pouvoir à lui prêter main-forte. Le canon de la République, défendant des intérêts communs, rassura pour un instant la France justement alarmée. Ce n'était là qu'un acte d'énergie passager accompli dans un moment de désespoir, et pour lequel le Gouvernement avait dépensé toute sa force.

(1) La coupable tolérance du Gouvernement amena l'insurrection de juin ; il ne se décida à agir que lorsque la révolte avait eu tout le temps nécessaire pour organiser son système de défense et se forger des armes. Les conséquences de cette incurie faillirent être terribles et menacèrent d'engloutir les plus fortes institutions.

Effrayés de la responsabilité qui pesait sur eux, les représentants de 1848 sentirent que le pays avait besoin d'un chef permanent, qui, tenant dans ses mains les rênes du pouvoir exécutif, fût toujours prêt à la lutte; cependant, jaloux de leur autorité, ils placèrent la présidence sous la domination de l'Assemblée Nationale, et créèrent ainsi une situation impossible.

En effet, fatiguée des crises intérieures, la France avait besoin, pour rétablir son commerce détruit, pour raffermir ses institutions chancelantes, la France avait besoin d'un repos régénérateur ; il lui fallait un gouvernement ferme et intelligent, qui, dédaignant les puériles discussions, travaillât à son bien-être physique et moral. En créant deux pouvoirs, c'était se préparer de nouvelles agitations, de nouveaux orages, et prolonger un état de choses anormal, conduisant le peuple à une catastrophe imminente. Comptant sur l'antagonisme des autorités, la démagogie préparait déjà ses armes, et n'attendait qu'une occasion pour renouveler ses sanglantes bacchanales.

Louis-Napoléon Bonaparte comprit la triste position de la France, il vit que le vaisseau social était près de sombrer, et, méprisant les colères injustes et les vengeances aveugles, il saisit le gouvernail d'une main hardie et puissante.

La République de 1848 peut donc être regardée comme un état de transition , plutôt que

comme un gouvernement sérieux ; elle n'a laissé
après elle rien de durable; elle a créé, il est vrai,
bien des théories sociales, mais aucune n'a pu
recevoir d'application, et tout son mérite est d'a-
voir contribué à donner à la France le Gouvernement actuel.

VI.

L'avènement de l'Empire n'est pas une conséquence du hasard, ou de l'impression du moment; c'est un acte réfléchi de la volonté nationale. La France n'a pas seulement accepté
l'Empire, elle l'a demandé avec ardeur; bien
convaincue que la République n'avait aucune
condition normale d'existence, elle voulut une
protection puissante contre les divisions qui
déchiraient son sein, et vit dans l'Empire une fu-
sion prochaine de tous les partis.

Sans autres antécédents qu'un passé rayon-
nant de gloire, le gouvernement impérial est
venu, fort de l'expérience des autres gouvernements; évitant avec soin les vices d'organisation
qui avaient causé leur ruine, il prit dans chacun
d'eux ce qu'il y avait de bon, de durable.

La constitution du 14 janvier 1852 avait posé
les premières bases d'un gouvernement solide,
mais temporaire : tout en affermissant la situation présente, elle laissait l'avenir la proie des
plus viles ambitions, des espérances les plus
criminelles.

Comprimées par une main puissante, les passions fougueuses pouvaient s'assoupir ; mais, conservant l'espoir secret du triomphe, elles se seraient réveillées plus violentes au moment de la lutte ; heureusement ce n'était là qu'un acheminement vers un ordre de choses plus stable. Le principe de l'hérédité, acclamé par le sénatus-consulte du 7 novembre, et consacré par le décret du 2 décembre 1852 qui rétablissait l'Empire, donna à la France la sécurité du présent en lui assurant l'avenir. Débarrassé des inquiétudes du lendemain, le peuple marcha avec assurance dans une nouvelle voie ; le commerce et l'industrie purent donner un libre cours à leur développement, et leurs transactions, si difficiles sous un gouvernement éventuel, s'établirent avec confiance. Les arts, qui eux-mêmes languissaient sous les préoccupations incessantes, se relevèrent plus jeunes et plus brillants que jamais. Ce sont là des faits que personne ne peut contester ; nous en voyons chaque jour les résultats ; les ennemis même de l'Empire sont obligés d'en reconnaître l'exactitude.

VII.

Appelé à diriger une société encore palpitante et fiévreuse, le gouvernement impérial dut employer toute son énergie pour imposer silence aux doctrines séditieuses, et empêcher

les diatribes échevelées des démagogues ré-
formateurs ; il supprima momentanément la
liberté de la presse. Voilà la principale accusa-
tion lancée contre lui. Un gouvernement qui veut
donner des institutions solides au pays, doit
marcher sans entraves ; il lui faut avant tout le
respect des populations, et il perd son prestige
et sa dignité lorsqu'il se soumet à une censure
trop souvent ignorante ou vindicative. Du reste,
qu'importe au gouvernement les opinions per-
sonnelles de quelques individus dévorés du besoin de parler ? Ce qu'il veut empêcher, c'est que
les cerveaux¹ faibles, se laissant séduire par les
sophismes des faiseurs de phrases, n'aient plus
en lui la confiance qui fait leur sécurité ; il veut
empêcher que le peuple ne soit effrayé par les
alarmistes, que l'immoralité n'attaque la famille;
que l'envie ne menace la propriété , enfin que les
passions mauvaises n'étalent publiquement sous
toutes les formes leurs dégradantes séductions.
Voilà son but, but moral, qui, loin de nuire au
progrès social, hâte sa marche, en écartant les
obstacles que pourraient y apporter des doctrines fallacieuses ou corrompues.

Un journaliste disait dernièrement qu'on par-
lait bas comme dans la chambre d'un malade, et
s'écriait : « Qui donc est malade ? Est-ce le pays ? »
Non, la France n'est pas malade ; mais ses institutions sont convalescentes, et pour se fortifier
elles ont besoin d'être protégées contre les cla-

meurs furibondes et les théories subversives ;
après les secousses violentes qui ont agité la société, il lui faut des années de calme pour retrouver des idées saines, pour se créer une foi
politique.

VIII.

Maintenant examinons froidement et sans par-
tialité ce qu'a produit l'Empire, et nous verrons
que les actes de rigueur, que lui imposaient
impérieusement les circonstances, sont bien
compensés par les résultats immenses que nous
avons obtenus.

La première préoccupation du gouvernement
impérial a été de raffermir l'ordre sans cesse
menacé par les factions remuantes : usant d'une
juste sévérité, il extirpa jusqu'aux germes des
séditions, et y rendit impossibles les révoltes
insensées. Qui donc se plaindra d'un état de
choses qui permet à chacun de se livrer sans
inquiétude à ses occupations journalières, et garantit la sécurité de son foyer domestique, en
ne l'exposant pas à trouver chaque jour l'insurrection debout sur le seuil de sa porte ?

Comprenant que le paupérisme (1) est la plus

______

(1) Les classes pauvres ont toujours été l'objet de la sollicitude de l'Empereur. Avant même de monter sur le trône, il
s'était occupé de la misère du peuple, et avait écrit à ce sujet
un livre intitulé : « *L'Extinction du Paupérisme en France*, »

large plaie de la civilisation, l'Empereur chercha à l'éteindre par des institutions de bienfaisance et par l'organisation du travail. Ce que la République avait tenté avec ses ateliers nationaux, l'Empire le réalisa.

Le gouvernement républicain avait donné aux ouvriers un travail sans but, et ses ateliers devinrent bientôt des temples d'oisiveté et de corruption ; le gouvernement impérial fit servir leurs bras à relever la gloire de la France en lui construisant des monuments dignes d'elle ; gloire aussi réelle que la gloire des armes. La population parisienne vit augmenter comme par enchantement son bien-être physique ; l'air qui lui arrivait péniblement par des ruelles infectes où jamais ne pénétrait un rayon de soleil, se répandit librement par de larges artères dans la grande cité ; de frais jardins assainirent les quartiers populeux, et la classe ouvrière, enfouie depuis si longtemps dans des bouges obscurs, put enfin regarder le ciel et prendre sa part de soleil et de vie.

Entrant dans les plus petits détails de l'existence du peuple, l'Empereur voulut lui assurer le pain de chaque jour, et il créa des établissements qui éloignèrent la misère sans encourager la paresse (1) ; en travaillant à satisfaire les be-

dans lequel il a développé des idées qu'il cherche maintenant à mettre à exécution.

(1) On peut citer, parmi les établissements créés dans ce

soins physiques, il pensa aussi à développer le bien-être moral ; il comprit que l'éducation faisait la force des générations, et de toutes parts s'ouvrirent des écoles gratuites et des bibliothèques, où l'enfance, la jeunesse et l'âge mûr purent trouver des principes moraux et une instruction solide. Le gouvernement actuel n'a pas encore achevé son œuvre ; il s'occupe constamment d'améliorer le sort des classes laborieuses, et sa sollicitude, secondée par la nation, accomplira de grandes réformes.

IX.

D'un autre côté, à la voix de Napoléon III, les arts et l'industrie se réveillèrent ; des lignes de chemins de fer commencées depuis longtemps s'achevèrent avec rapidité ; le palais de l'Industrie ouvrit sa large porte aux peuples étonnés ; le Louvre, auquel l'avarice des gouvernements précédents avait refusé une seule pierre, regarda librement les Tuileries, et, déployant sa splendide colonnade et ses frontons ciselés, forma la plus belle place du monde ; de toutes parts s'ouvrirent des casernes sculpturales ; des ponts gigantesques parurent se placer d'eux-mêmes, et la vieille tour Saint-Jacques, rajeunie par sa base,

but, les cités ouvrières, les orphelinats, les caisses de retraite pour la vieillesse et la maison de convalescence de Vincennes.

aperçut avec étonnement, à la place du vieux Paris, des arbres qu'elle n'avait pas vus naître ; sur le pavé boueux du vieux marché se dressèrent les colonnes de fer des halles centrales, chef-d'œuvre indestructible qui suffirait pour immortaliser un règne ; remué dans tous les sens, le bois de Boulogne trouva chez lui un lac, des rochers qu'il ne connaissait pas, et le vieux donjon de Vincennes se réveilla au milieu d'un parc ; comme sous la baguette magique d'une fée, Paris se transforma, et donna à ses habitants d'immenses boulevards et de splendides monuments, qui feront l'admiration des siècles futurs.

Ce sont là des faits vivants qui parlent haut, et proclament la puissance et la prospérité d'un pays. Un homme qui accomplit d'aussi grandes choses, est au-dessus des petites ambitions de partis ; il dédaigne les impuissants bourdonnements de l'envie, et, fort du bien qu'il produit, il attend pour récompense les bénédictions de la postérité.

X.

Les alarmistes sociaux s'écrieront que tous ces travaux ont épuisé la France et ruiné notre trésor ; c'est ici le moment de parler de la situation financière. Les millions dépensés pour les grands intérêts publics, en alimentant la classe la plus malheureuse de la société, sont entrés dans la circulation et ont contribué au bien-être général ;

ils ont moralisé, en empêchant la misère qui conduit souvent au crime ; c'est déjà un grand résultat, pour lequel on ne doit pas regretter les sacrifices ; mais ces sacrifices n'étaient pas au-dessus des ressources de notre trésor. Sans augmenter les impôts qui pèsent sur le petit peuple, nous avons vu les recettes de l'État s'accroître chaque année par le seul effet du prodigieux développement du commerce et de l'industrie, que nous devons au retour de la confiance publique. L'accroissement successif de la population, qui a presque doublé les revenus de la ville de Paris, lui a permis de contribuer largement aux frais d'embellissement intérieur ; les emprunts qu'elle a contractés s'amortissent sans difficultés, et sa caisse n'a jamais été aussi riche. L'État n'a donc eu à payer qu'une partie des dépenses, et cette part est peu de chose, si l'on considère que la recette de 1857 est de 566 millions plus forte que celle de 1847. Nous avons eu, il est vrai, une guerre coûteuse à soutenir ; mais les frais de cette guerre ont été amplement couverts par les emprunts successifs qui se sont élevés à 1,500 millions. Les cinq années qui viennent de s'écouler ont produit environ 1,300 millions de plus que les cinq années précédentes ; c'est un chiffre énorme, qui comble largement les dépenses extraordinaires et les magnifiques travaux de l'Empire ; il prouve la bienheureuse influence d'un système qui, tout en allégeant les charges du peuple, trouve dans ses ressources les moyens de régénérer la France.

XI.

L'Empire n'a pas seulement rendu à la France la prospérité intérieure, il a relevé son drapeau à l'extérieur ; sa politique, hardie sans être agressive, est devenue d'un grand poids dans la balance des nations ; sans faiblir devant les menaces, le gouvernement impérial entoure le faible de sa puissante égide, et son bras protecteur, étendu sur l'Europe, garantit les grands intérêts des peuples.

Un moment égarée par un désir insatiable de conquêtes, la Russie jeta un œil de convoitise sur Constantinople ; déjà son armée s'apprêtait à fondre sur cette proie ; la France envoya combattre à 900 lieues de la patrie ses courageux enfants, et, après un an de victoires et de luttes héroïques, Sébastopol tomba devant nos armes triomphantes.

Par les soins de notre administration militaire, près de 200,000 hommes et un immense matériel avaient été transportés en quelques jours, et l'Europe assista avec admiration à ce duel de géants.

Le congrès de Paris vint enfin couronner nos efforts, en établissant entre la France et la Russie une paix solide et durable ; les deux peuples, animés d'une sympathie mutuelle, se donnèrent franchement et loyalement la main.

Le congrès de Paris est un des faits les plus importants de l'Empire; il montre combien le gouvernement impérial inspire de confiance et de considération aux puissances étrangères, et depuis nous avons toujours vu la France appelée comme médiatrice dans les différends qui s'élèvent entre les nations (1).

Depuis quelque temps la situation extérieure s'était étrangement compliquée : écrasée sous le talon de fer de l'Autriche, l'Italie s'agitait pour retrouver sa nationalité, et ses mains suppliantes imploraient un appui. Nos relations si cordiales avec toutes les autres puissances étaient devenues difficiles et ambiguës avec le cabinet de Vienne. Si, guidé par sa modération habituelle, l'Empereur ne s'est pas lancé dans la voie désespérée de la guerre sans avoir épuisé tous les moyens de conciliation, d'un autre côté, il n'a pas acheté la paix par de lâches et indignes con-

(1) Que nous sommes loin de ce temps où le gouvernement de Louis-Philippe, voulant la paix à tout prix, se contentait de rappeler à l'Europe l'état de servitude dans lequel se trouvait un peuple de braves trahi par la fortune !

Qui ne s'est senti fier de voir la France, ramenée à son véritable rang, servir de médiatrice dans l'affaire de Neufchâtel, et éviter, par son attitude ferme, conciliante, une collision sanglante entre la Suisse et la Prusse, et, après avoir combattu pour la conservation d'un peuple, user de sa prépondérance pour ressusciter la Moldo-Valachie?

cessions. Ayant conscience de sa force, il veut que la France attende les événements avec calme et confiance. Loin de nous donc les terreurs puériles ou l'enthousiasme irraisonné; l'homme auquel nous avons confié nos destinées saura conserver notre dignité et défendre l'honneur de notre drapeau.

XIII.

Non contente d'opprimer la Lombardie et la Vénétie, l'Autriche étouffait, sous son influence morale, tous les petits Etats de l'Italie qui bientôt auraient augmenté sa puissance matérielle; trouvant commode ces conquêtes par la ruse et l'intimidation, elle se croyait à l'abri en présentant à l'Europe des traités arrachés par son machiavélisme; son lourd filet, emprisonnant le patriotisme et la liberté, menaçait même le Piémont, et déjà son ambition effrénée rêvait les Alpes pour frontières.

Mais les peuples Italiens étaient opprimés et non soumis; quoique bâillonnés, leur cri de détresse a retenti dans toute l'Europe, et la France en a été émue.

Le gouvernement français avait, il est vrai, de concert avec les Autrichiens, rétabli le pape sur son trône; mais si dans l'intérêt général de l'Europe il avait combattu la démagogie à Rome, il n'avait pas voulu, comme l'Autriche, éteindre la

nationalité et étouffer les institutions libérales.
L'Autriche, du reste, n'a pas été très-contente
de cet auxiliaire dont l'influence civilisatrice ve-
nait contre-balancer sa puissance oppressive ;
déjà en cette circonstance nous avons déjoué ses
projets d'envahissement en empêchant les Etats
Romains de tomber complétement sous son joug
de fer.

L'Autriche n'avait cependant pas abandonné
son plan de domination, elle attendait des circonstances plus favorables, et, sans notre occu-
pation permanente, le Pape serait depuis longtemps non pas seulement protégé, mais opprimé
par elle.

Il était temps de mettre un frein à cette ambition insatiable et d'abattre cet orgueil qui
faisait trembler toute l'Italie. Les justes réclama-
tions de la France et de la Sardaigne furent écou-
tées des grandes puissances européennes qui
proposèrent un Congrès.

Faisant preuve d'une modération qui prenait
sa source dans la justice de sa cause et dans son
grand désir de la paix, le gouvernement français accepta toutes les conditions posées par
l'Angleterre ; mais toutes les tentatives de conciliation vinrent échouer devant l'obstination
préméditée de l'Autriche. Sachant très-bien que
l'opinion de l'Europe dans le congrès ne lui serait pas favorable, voyant son trésor s'épuiser et
à bout de ressources, elle crut sortir de ce mau-

vais pas par un acte d'audace qui est presque une insulte pour toutes les autres puissances ; avant même d'avoir répondu aux propositions de l'Angleterre, elle envoie à la Sardaigne un ultimatum qui paraît un acte de démence si peu dans les règles de la diplomatie, qu'on n'a pu l'attribuer qu'à la jeunesse fougueuse et inexpérimentée de son jeune empereur. Quoi qu'il en soit, l'Autriche s'est lancée les yeux fermés dans une guerre dont elle ne veut pas ou n'ose pas prévoir les conséquences ; que la responsabilité du sang versé retombe sur elle!

Il est du devoir de la France de ramasser le gant que l'Autriche lui jette ; nous acceptons donc la guerre, non dans un but d'agrandissement de territoire, comme l'ont prétendu certains esprits, mais dans un but d'humanité pour sauvegarder les peuples et garantir leur liberté. C'est une cause juste et sainte dont le triomphe certain sera une gloire de plus pour notre patrie.

Les différents peuples qui composent l'empire d'Autriche ont tous un langage et des mœurs distincts. Successivement conquis, ils ont été rivés à la chaîne autrichienne ; mais chacun de ces peuples n'attend qu'une secousse pour briser son anneau et reprendre sa liberté ; la secousse ne se fera pas attendre, et le canon de la France va réveiller les morts et ressusciter les peuples.

XIV.

Quelle sera, dans ces circonstances, l'attitude de l'Angleterre ? Oubliera-t-elle l'alliance cimentée par le sang de Crimée, et achetée par nous au prix des souvenirs de 1815 et de notre antipathie nationale ? Nous ne le croyons pas! Partout où marche le drapeau de la civilisation, l'Angleterre doit le suivre à l'avant-garde; et n'ayant pour mobile que l'intérêt général et le bonheur des peuples, elle ne doit pas sacrifier sa conscience et son honneur à l'appât d'un mercantilisme intéressé. Notre cause doit donc être la sienne, et elle ne voudrait pas perdre en un jour les fruits de notre union ; union féconde qui fait la force des deux pays, et dont les efforts constants de l'Empereur tendent, depuis six ans, à resserrer de plus en plus les liens. Quelques dissidents sont cependant venus troubler l'harmonie de nos relations amicales. Tout en respectant ses intentions libérales, le Gouvernement impérial a cru devoir adresser à l'Angleterre quelques justes observations. Le Gouvernement de la reine, affermi par de longues années de calme, et n'étant jamais discuté, peut sans doute accorder une liberté de langage, que l'Empire ne doit pas encore permettre; mais ce qu'il doit empêcher, c'est la conspiration éhontée et publique, affichant avec cynisme le programme du crime. L'Angleterre a compris le danger, et les sincères, quoique tardives, mesures prises par son administration pour nous préserver contre les odieuses entreprises des fanatiques et des insensés, ont ramené rapidement entre nos deux pays une franche cordialité.

Espérons donc que ces bons rapports ne seront pas troublés, et que l'Angleterre et la France, marchant d'un commun accord, donneront à l'univers l'exemple de la concorde et du devoir.

XV.

Sous aucun des gouvernements passés, l'influence extérieure de la France n'a donc été aussi puissante. Respecté ou craint des nations, le gouvernement de l'Empereur est devenu en peu de temps l'arbitre de l'Europe, l'apôtre de la civilisation et du progrès. Que les ennemis loyaux de l'Empire ouvrent les yeux, qu'ils comparent la France d'aujourd'hui avec la France des Bourbons, la France de Louis-Philippe, la France de 1848, et sans haine, sans envie, la main sur la conscience, qu'ils jugent.

XVI.

Nous avons suffisamment prouvé la force et la grandeur de l'Empire, et l'intérêt que nous avons tous à sa conservation ; jetons maintenant un regard sur les destinées que l'avenir lui prépare.

Poussés par une haine fébrile, des hommes que la France (1) a rejetés de son sein, rêvent l'assassinat ; aveuglés par la passion, ils oublient qu'en tuant l'Empereur ils ne tueraient pas l'Empire.

L'infâme attentat du 14 janvier 1858 a soulevé dans tous les cœurs un sentiment de dégoût ; et si le succès l'avait couronné, la France, justement indignée, se serait soulevée pour défendre les institutions impériales. Que les hommes qui emploient de telles armes n'espèrent jamais faire triompher leurs opinions ! Le crime peut effrayer, maisne persuade jamais.

Pour rassurer les esprits contre les conséquences d'un crime, l'Empereur a institué un conseil de régence, qui, en cas de malheur, serait là pour empêcher la France de tomber aux mains des perturbateurs : composé d'hommes intelligents et dévoués, ce conseil est présidé par une femme de cœur, dont le mâle courage ne faiblit pas au moment du danger. En acceptant

(1) Il est triste de voir des hommes de génie, auxquels la France se glorifiait d'avoir donné le jour, mettre leur intelligence au service d'une cause aussi peu honorable, et se salir en écrivant ces lignes incendiaires :

« Oui ! la nuit et le jour, au milieu des foules comme dans
« l'ombre, reconnaissez-vous, organisez-vous ! qu'une foi
« commune vous anime, la foi révolutionnaire, implacable,
« persévérante, hardie comme celle de nos pères de 92, et
« toujours prête à se lever, à frapper !

« Victor Hugo,
« Fombertaux,
« Philippe Faure. »

la moitié de la couronne, l'Impératrice a compris toute l'étendue de ses devoirs, et lorsque, devenue mère, ses regards ont sondé l'avenir, son front n'a pas pâli ; c'est qu'elle a la certitude que les grandes idées du prisonnier de Ham ne mourront pas avec lui, et qu'il est impossible que la France oublie le fils de celui à qui elle doit son bien-être et sa splendeur. Héritier des grands principes de son père, le Prince Impérial est appelé par la Providence à continuer l'œuvre de régénération sociale, et peut-être verrons-nous réalisée par lui la grande confédération européenne, rêvée et préparée par l'Empereur. Alors plus de guerre, plus de peuples vaincus et opprimés ; les nations, devenues solidaires, ne recourront plus à la force pour régler leurs différends ; la raison et la justice suffiront pour garantir leurs droits, et nous n'aurons tous qu'une seule et même patrie : l'Europe ! Avant d'arriver à ce but glorieux, nous rencontrerons sans doute bien des difficultés ; et, pour les vaincre, nous aurons besoin de longs et pénibles efforts ; n'épuisons donc pas nos forces dans des luttes intestines ; imposons silence aux passions subversives qui voudraient encore bouleverser la France, et rallions-nous franchement non-seulement à l'Empereur, mais encore à L'EMPIRE.

———